AF234520

Impressum
Verlag: BABADADA GmbH, Nedderfeld 112 , 22529 Hamburg
Geschäftsführer / Verlagsleitung: Harald Hof
Druck: Books on Demand GmbH, In de Tarpen 42, 22848 Norderstedt

Imprint
Publisher: BABADADA GmbH, Nedderfeld 112 , 22529 Hamburg, Germany
Managing Director / Publishing direction: Harald Hof
Print: Books on Demand GmbH, In de Tarpen 42, 22848 Norderstedt, Germany

xue xiao

школа

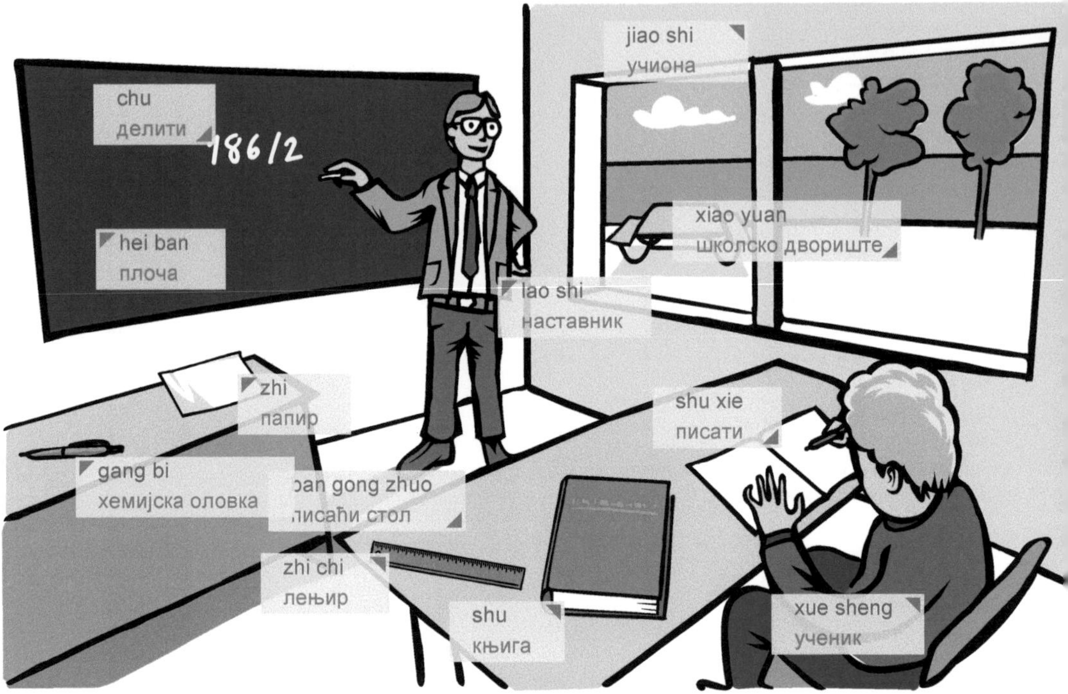
jiao shi
учиона
chu
делити
186/2
hei ban
плоча
xiao yuan
школско двориште
lao shi
наставник
zhi
папир
shu xie
писати
gang bi
хемијска оловка
ban gong zhuo
писаћи стол
zhi chi
лењир
shu
књига
xue sheng
ученик

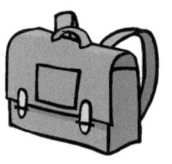

shu bao

торба

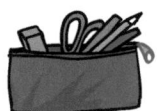

qian bi he

перница

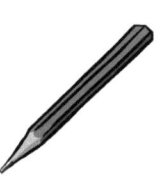

qian bi

графитна оловка

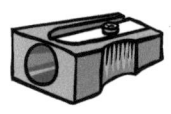

juan bi dao

шиљило за оловке

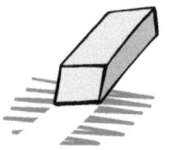

xiang pi ca

гумица за брисање

hua ban

блок за цртање

tu hua

цртеж

hua bi

кист

yan liao he

кутија са бојама

jian dao

маказе

jiao shui

лепило

lian xi ce

бележница

jia ting zuo ye

домаћи задатак

shu zi

број

jia

сабирати

jian

одузимати

cheng

множити

ji suan

рачунати

zi mu

слово

zi mu biao

абецеда

zi

реч

ke wen

текст

du

читати

fen bi

креда

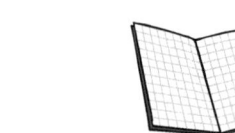

shang ke

час

deng ji

дневник

kao shi

испит

zheng shu

сведочанство

xiao fu

школска униформа

jiao yu

образовање

bai ke quan shu

лексикон

da xue

универзитет

xian wei jing

микроскоп

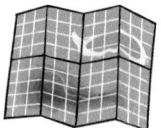

di tu

карта

fei zhi kuang

кошара за папир

lü xing

путовање

jiu dian
хотел
Grand
qing nian lü xing she
преноћиште
ROOMS
EXCHANGE
wai bi dui huan chu
мењачница
shou ti xiang
кофер
qi che
ауто

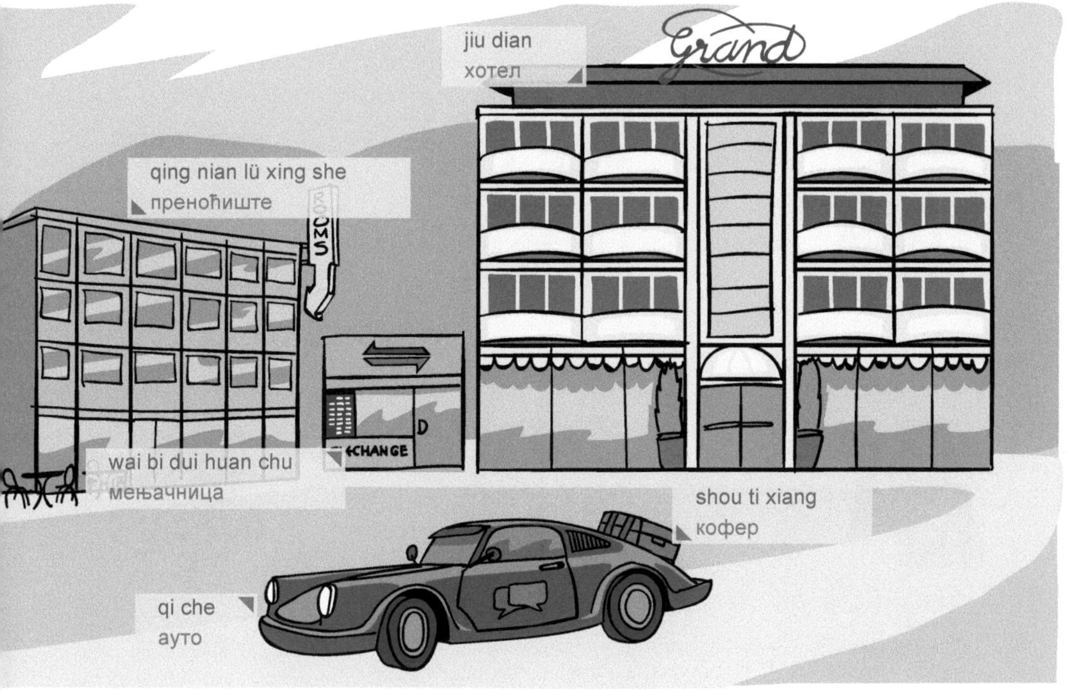

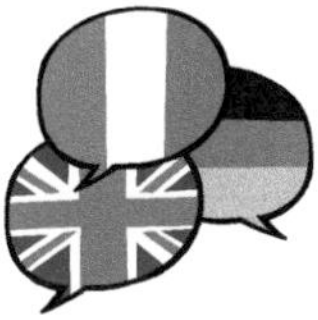

yu yan

језик

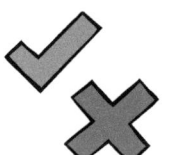

shi/fou

да / не

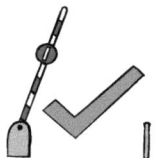

hao de

океј

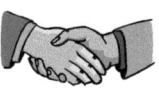

nin hao

здраво

fan yi yuan

преводилац

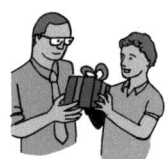

xie xie

хвала

......duo shao qian?

Колико кошта...?

wo bu ming bai

не разумем

wen ti

проблем

wan shang hao!

добро вече!

zao shang hao!

Добро јутро!

wan an!

Лаку ноћ!

zai jian

довиђења

fang xiang

смер

xing li

пртљага

bao

торба

shuang jian bao

руксак

ke ren

гост

fang jian

соба

shui dai

вреħа за спавање

zhang peng

шатор

lü you xin xi

туристичке информације

hai tan

плажа

xin yong ka

кредитна картица

zao can

доручак

wu can

ручак

wan can

вечера

piao

карта за вожњу

dian ti

лифт

you piao

поштанска маркица

bian jie

граница

hai guan

царина

da shi guan

амбасада

qian zheng

виза

hu zhao

пасош

jiao tong yun shu

транспорт

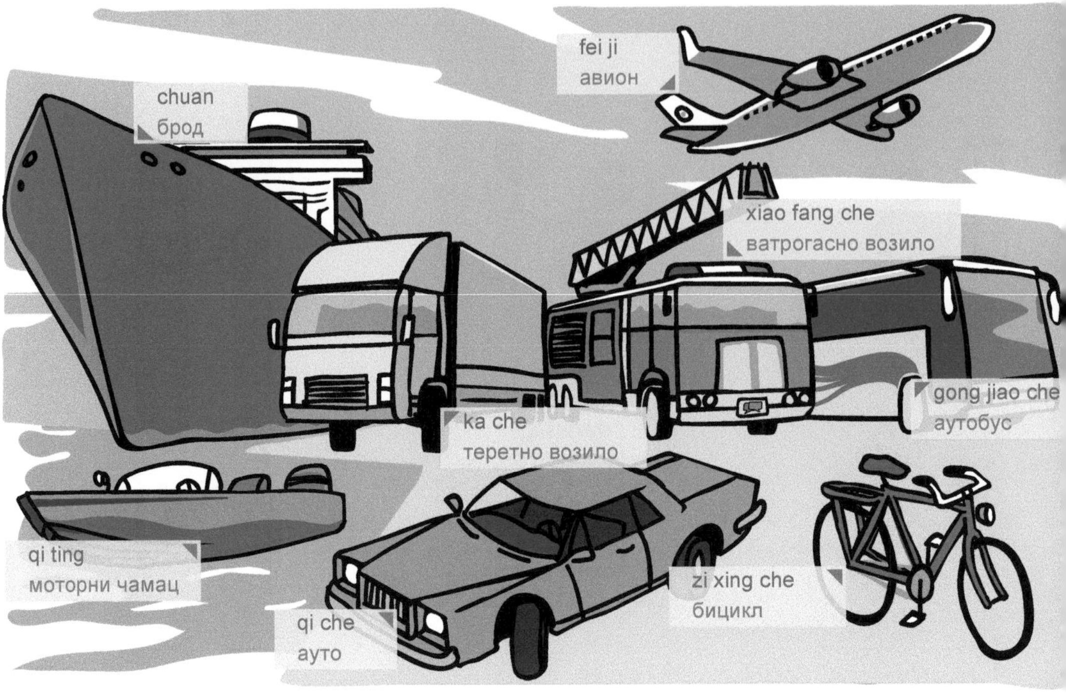

fei ji
авион
chuan
брод
xiao fang che
ватрогасно возило
gong jiao che
аутобус
ka che
теретно возило
qi ting
моторни чамац
zi xing che
бицикл
qi che
ауто

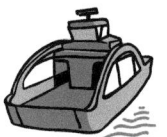

bai du chuan

трајект

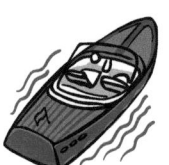

xiao chuan

чамац

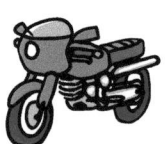

mo tuo che

мотоцикл

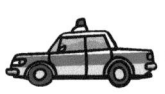

jing che

полицијски ауто

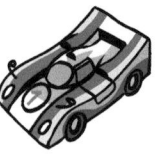

sai che

тркаћи ауто

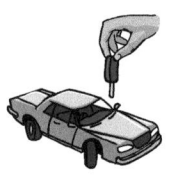

zu che

изнајмљено ауто

pin che

делење аутомобила

tuo che

вучно возило

la ji che

возило за одвоз смећа

fa dong ji

мотор

qi you

бензин

jia you zhan

бензинска станица

jiao tong biao zhi

саобраћајни знак

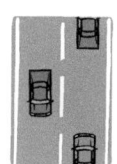

jiao tong

саобраћај

jiao tong du sai

застој

ting che chang

паркиралиште

huo che zhan

железничка станица

gui dao

шине

huo che

воз

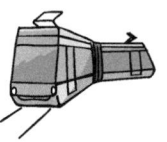

dian che

трамвај

huo che

вагон

zhi sheng ji

хеликоптер

ji chang

аеродром

ta

кула

cheng ke

путник

ji zhuang xiang

контејнер

zhi ban xiang

картон

shou tui che

колица

lan zi

корпа

qi fei/jiang luo

узлетети / слетети

cheng shi

град

cun zhuang

село

shi zhong xin

центар града

fang zi

кућа

dian ying yuan
кино

guang gao
реклама

lu deng
улична светиљка

CINEMA

jie dao
улица

chu zu che
такси

xiao chi dian
киоск

xing ren
пешак

ren xing dao
тротоар

ban ma xian
пешачки прелаз

la ji xiang
контејнер за отпад

shi zi lu kou
раскрсница

hong lü deng
семафор

xiao wu

колиба

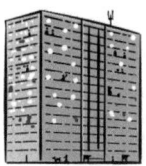

gong yu

стан

huo che zhan

железничка станица

shi zheng ting

већница

bo wu guan

музеј

xue xiao

школа

da xue

универзитет

yin hang

банка

yi yuan

болница

jiu dian

хотел

yao fang

апотека

ban gong shi

канцеларија

shu dian

књижара

shang dian

продавница

hua dian

цвећара

chao shi

супермаркет

shi chang

трг

bai huo shang dian

робна кућа

yu dian

рибарница

gou wu zhong xin

трговачки центар

hai gang

лука

gong yuan

парк

chang deng

клупа

qiao

мост

lou ti

степенице

di tie

подземна железница

sui dao

тунел

gong jiao che zhan

аутобуска станица

jiu ba

бар

can guan

ресторан

you tong

поштанско сандуче

lu biao

улични знак

ting che ji shi qi

паркирни аутомат

dong wu yuan

зоолошки врт

you yong guan

базен

qing zhen si

џамија

nong chang

сеоско газдинство

wu ran

загађење околине

mu di

гробље

jiao tang

црква

cao chang

игралиште

si miao

храм

di xing

пејсаж

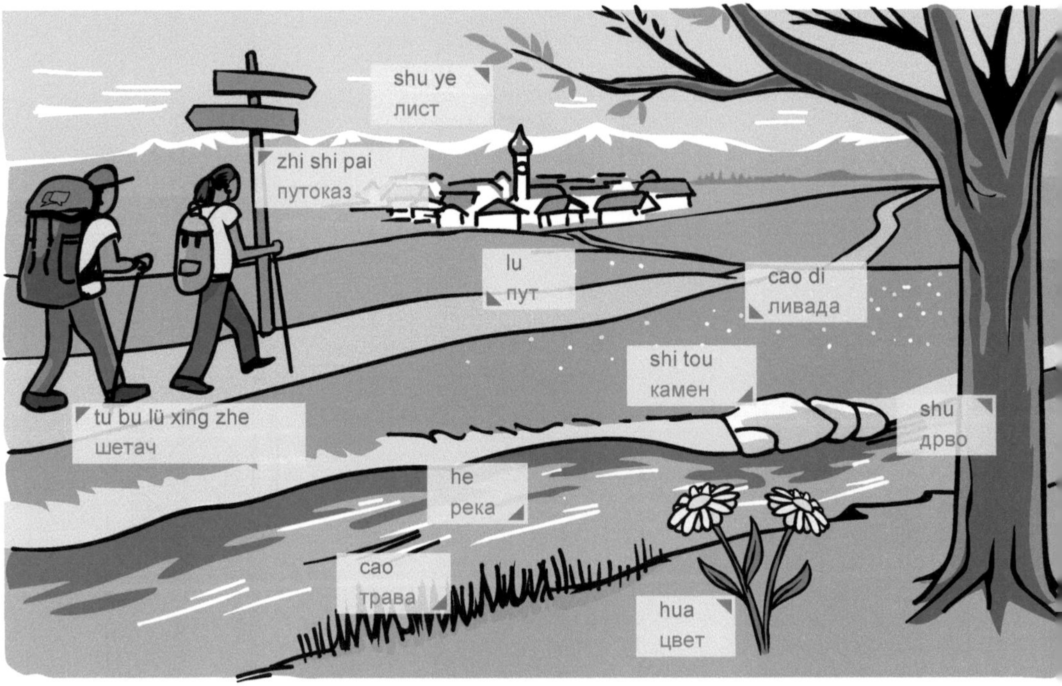

shu ye
лист

zhi shi pai
путоказ

lu
пут

cao di
ливада

shi tou
камен

shu
дрво

tu bu lü xing zhe
шетач

he
река

cao
трава

hua
цвет

xia gu

долина

shan

планина

hu

језеро

sen lin

шума

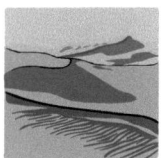

sha mo

пустиња

huo shan

вулкан

cheng bao

дворац

cai hong

дуга

mo gu

гљива

zong lü shu

палма

wen zi

москито

cang ying

мува

ma yi

мрав

mi feng

пчела

zhi zhu

паук

jia chong

буба

qing wa

жаба

song shu

веверица

ci wei

јеж

ye tu

зец

mao tou ying

сова

niao

птица

tian e

лабуд

ye zhu

дивља свиња

lu

јелен

mi lu

лос

shui ba

насип

feng li fa dian ji

ветрењача

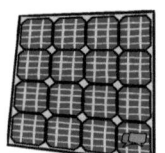

tai yang neng dian chi ban

соларна плоча

qi hou

клима

can guan
ресторан

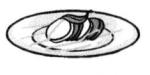

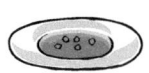

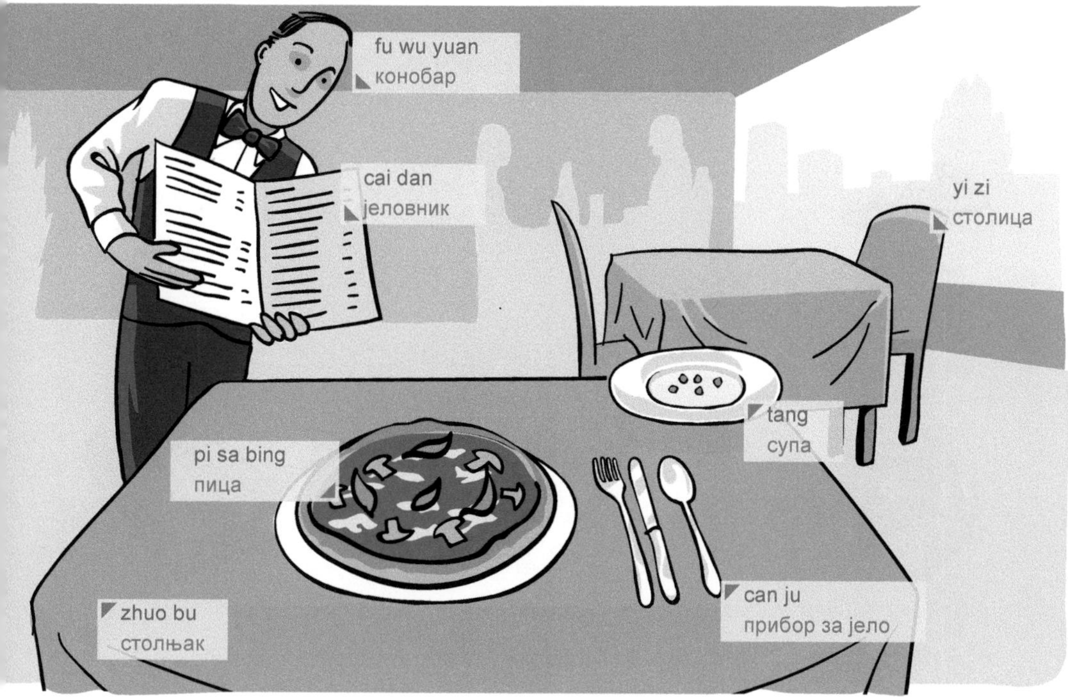
fu wu yuan
конобар
cai dan
јеловник
yi zi
столица
tang
супа
pi sa bing
пица
zhuo bu
столњак
can ju
прибор за јело

qian cai

предјело

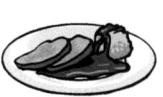

zhu cai

главно јело

tian dian

десерт

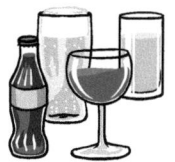

yin liao

напитци

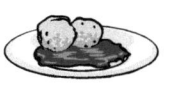

shi wu

јело

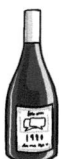

ping zi

флаша

kuai can

брза храна

jie bian xiao chi

имбис храна

cha hu

чајник

tang he

доза за шећер

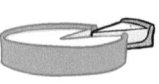

yi fen fan cai

порција

yi shi ka fei ji

апарат за еспресо

gao jiao yi

висока столица

zhang dan

рачун

tuo pan

послужавник

dao

нож

can cha

виљушка

shao zi

кашика

cha chi

чајна кашика

can jin

салвета

bo li bei

чаша

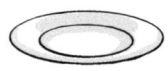

die zi

тањир

tang pan

тањир за супу

die zi

тањирић

jiang

сос

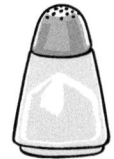

yan ping

сољенка

hu jiao mo

млин за бибер

cu

сирће

shi yong you

уље

tiao wei liao

зачини

fan qie jiang

кечап

jie mo

сенф

dan huang jiang

мајонеза

chao shi

супермаркет

te jia
понуда
FOR
gu ke
купац
ru zhi pin
млечни производи
shui guo
воће
gou wu che
колица за куповину

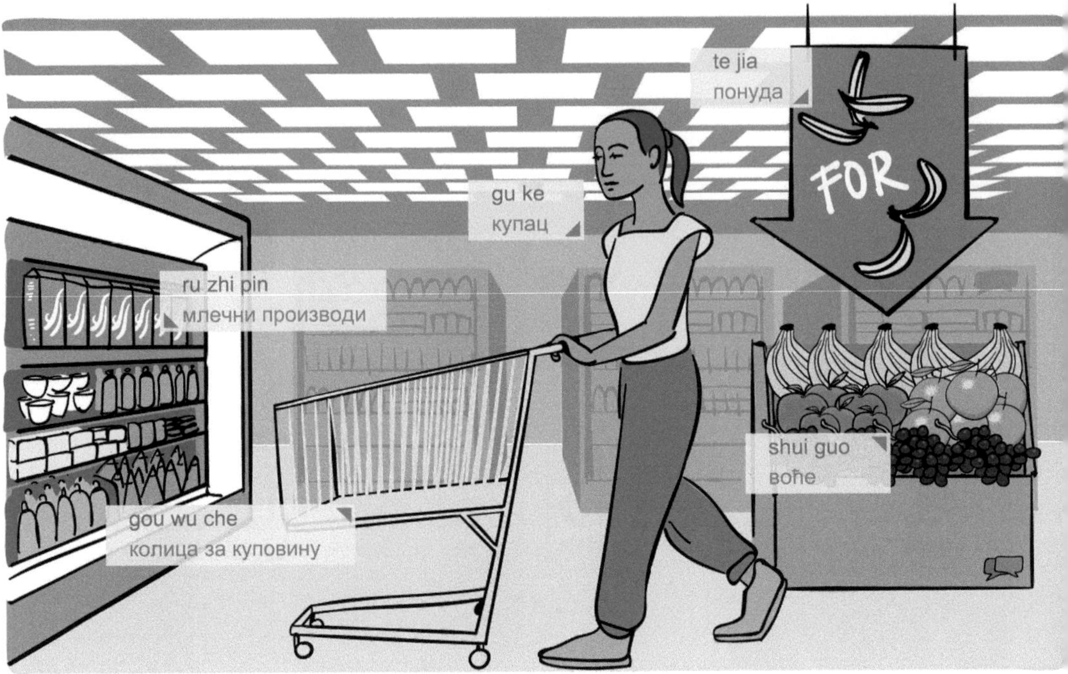

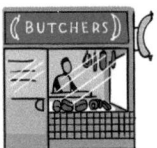

BUTCHERS

rou pu

месница

BAKERY

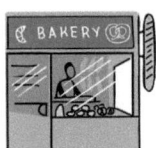

mian bao fang

пекара

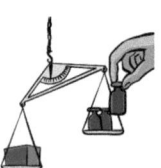

cheng zhong

вагати

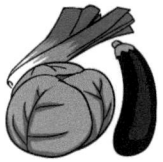

shu cai

поврће

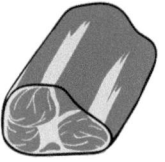

rou

месо

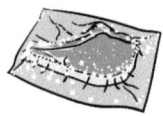

leng dong shi pin

смрзнута храна

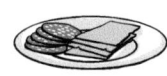

leng pan

нарезак

guan tou shi pin

конзерве

xi yi fen

средство за прање

tian shi

слаткиши

ri yong pin

артикли за домаћинство

qing jie yong pin

средства за чишћење

xiao shou yuan

продавачица

shou yin ji

благајна

shou yin yuan

благајник

gou wu qing dan

листа за куповину

kai fang shi jian

време рада

qian bao

новчаник

xin yong ka

кредитна картица

dai zi

торба

su liao dai

пластична кеса

shui

вода

guo zhi

сок

niu nai

млеко

ke le

кола

hong jiu

вино

pi jiu

пиво

jiu

алкохол

ke ke

какао

cha

чај

ka fei

кава

yi shi nong suo ka fei

еспресо

ka bu qi nuo

капућино

xiang jiao

банана

ping guo

јабука

cheng zi

наранџа

xi gua

лубеница

ning meng

лимун

hu luo bo

шаргарепа

da suan

бели лук

zhu zi

бамбус

yang cong

лук

mo gu

гљива

jian guo

орашасти плодови

mian tiao

резанци

yi da li mian tiao

шпагете

mi fan

рижа

sha la

салата

shu tiao

помфрит

zha tu dou

печени крумпир

pi sa bing

пица

han bao bao

хамбургер

san ming zhi

сендвич

zha zhu pai

шницла

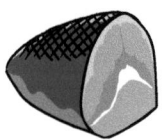

huo tui

шунка

sa la mi

салама

xiang chang

кобасица

ji rou

кокош

kao rou

печење

yu

риба

shi wu - jeло

yan mai pian

зобене пахуљице

mu zi li

мусли

yu mi pian

кукурузне пахуљице

mian fen

брашно

yang jiao mian bao

кроасан

mian bao juan

пециво

mian bao

хлеб

kao mian bao

тоаст

bing gan

кекси

huang you

маслац

ning ru

свежи сир

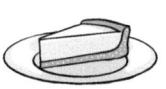

dan gao

колач

dan

jaje

jian dan

jaje на око

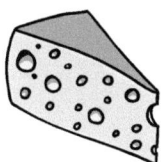

nai lao

сир

bing ji lin

сладолед

tang

шећер

feng mi

мед

guo jiang

мармелада

qiao ke li jiang

нугат крема

ga li fan

кари

nong chang

сеоско газдинство

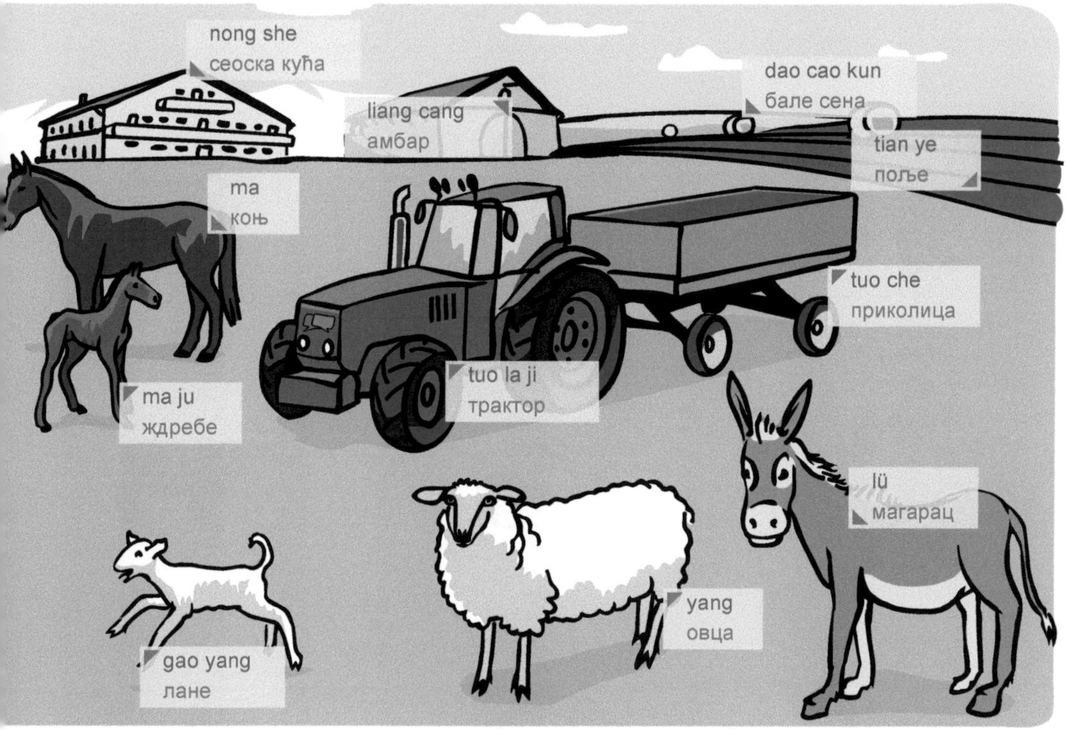
nong she
сеоска кућа
dao cao kun
бале сена
liang cang
амбар
tian ye
поље
ma
коњ
tuo che
приколица
tuo la ji
трактор
ma ju
ждребе
lü
магарац
yang
овца
gao yang
лане

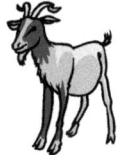

shan yang

коза

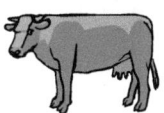

nai niu

крава

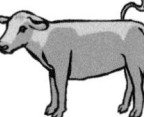

niu du

теле

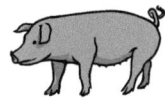

zhu

свиња

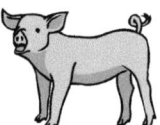

xiao zhu

прасе

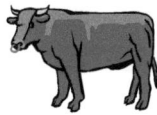

gong niu

бик

e
....
гуска

ya
....
патка

xiao ji
....
пилићи

mu ji
....
кокош

gong ji
....
петао

shu
....
пацов

mao
....
мачка

lao shu
....
миш

niu
....
вол

gou
....
пас

gou wu
....
кућица за пса

hua yuan jiao shui ruan
guan
....
вртно црево

sa shui hu
....
канта за поливање

chang bing da lian dao
....
коса

li
....
плуг

lian dao

срп

chu tou

мотика

chang bing cao pa

виљушка за ђубриво

fu tou

секира

du lun shou tui che

тачке

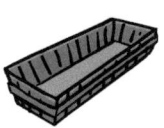

si liao cao

корито

niu nai guan

посуда за млеко

ma bu dai

врећа

zha lan

ограда

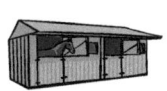

ma jiu

штала

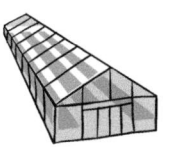

wen shi

стакленик

tu rang

земља

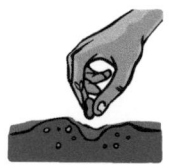

zhong zi

семе

fei liao

ђубриво

lian he shou ge ji

комбајн

shou ge

жети

shou ge

жетва

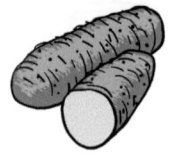

shan yao

јамс зачин

xiao mai

пшеница

da dou

соја

tu dou

крумпир

yu mi

кукуруз

you cai zi

уљана репица

guo shu

воћка

shu shu

гомољ маниоке

gu wu

житарице

fang zi

кућа

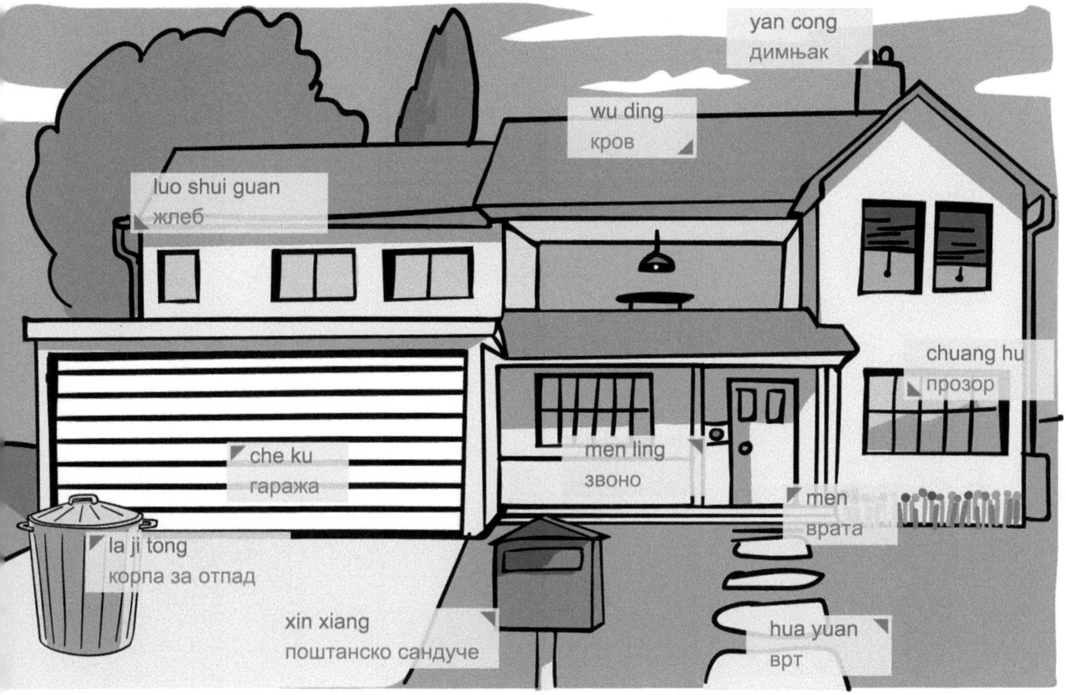

yan cong
димњак
wu ding
кров
luo shui guan
жлеб
chuang hu
прозор
che ku
гаража
men ling
звоно
men
врата
la ji tong
корпа за отпад
xin xiang
поштанско сандуче
hua yuan
врт

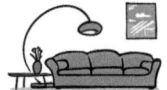

ke ting

дневна соба

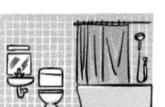

yu shi

купаоница

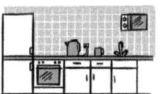

chu fang

кухиња

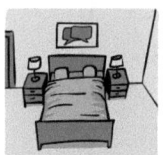

wo shi

спаваћа соба

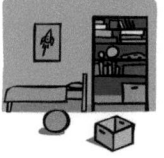

er tong fang

дечија соба

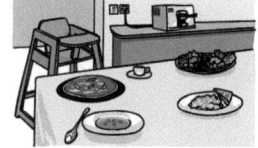

can ting

трпезарија

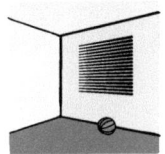

di ban

под

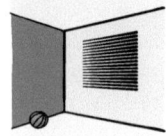

qiang bi

зид

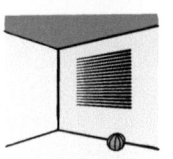

diao ding

строп

di jiao

подрум

sang na

сауна

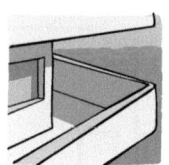

yang tai

балкон

lu tai

тераса

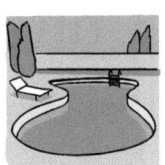

you yong chi

базен

ge cao ji

косилица за траву

bei dan

постељина за кревет

chuang zhao

дека за кревет

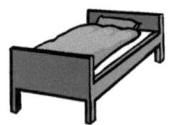

chuang

кревет

sao zhou

метла

shui tong

канта

kai guan

прекидач

ke ting

дневна соба

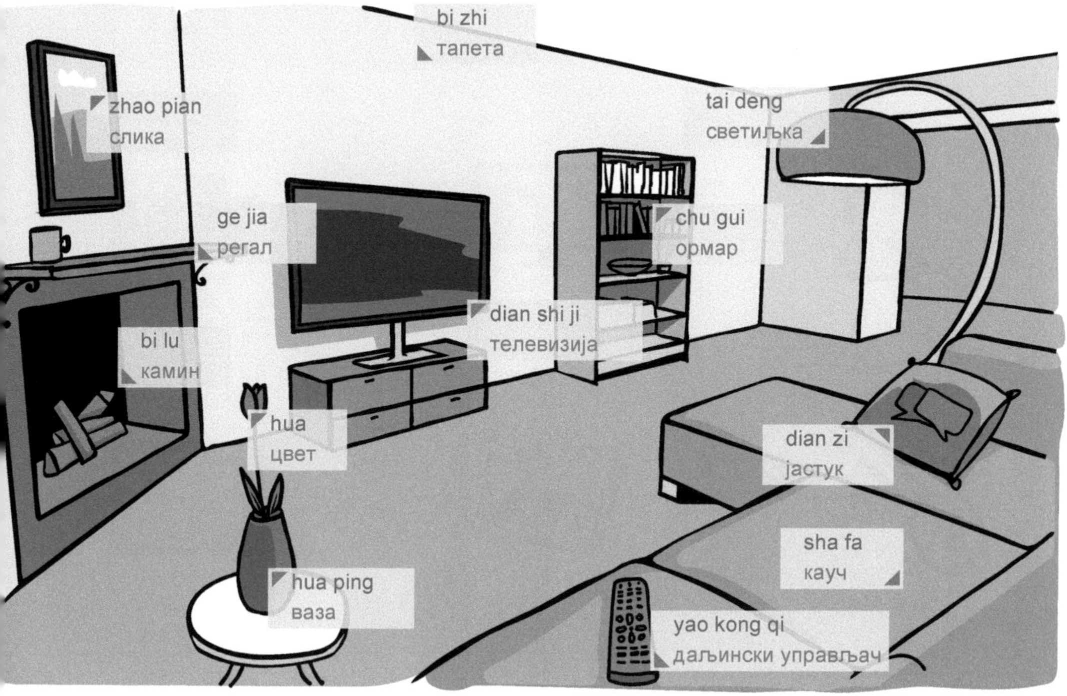

bi zhi
тапета
zhao pian
слика
tai deng
светиљка
ge jia
регал
chu gui
ормар
dian shi ji
телевизија
bi lu
камин
hua
цвет
dian zi
јастук
sha fa
кауч
hua ping
ваза
yao kong qi
даљински управљач

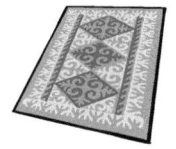

di tan

тепих

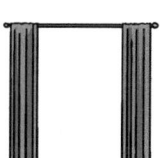

chuang lian

завеса

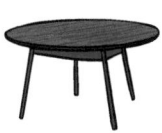

can zhuo

сто

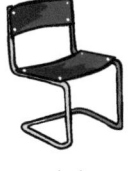

yi zi

столица

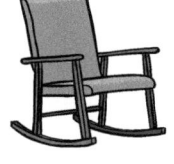

yao yi

столица за њихање

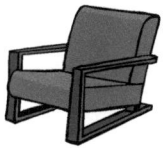

fu shou yi

фотеља

shu

књига

tan zi

дека

zhuang shi pin

декорација

mu chai

дрво за огрев

dian ying

филм

gao bao zhen yin xiang

хи-фи уређај

yao shi

кључ

bao zhi

новине

you hua

слика на платну

hai bao

постер

shou yin ji

радио

bi ji ben

блок за писање

xi chen qi

усисивач

xian ren zhang

кактус

la zhu

свећа

chu fang
кухиња

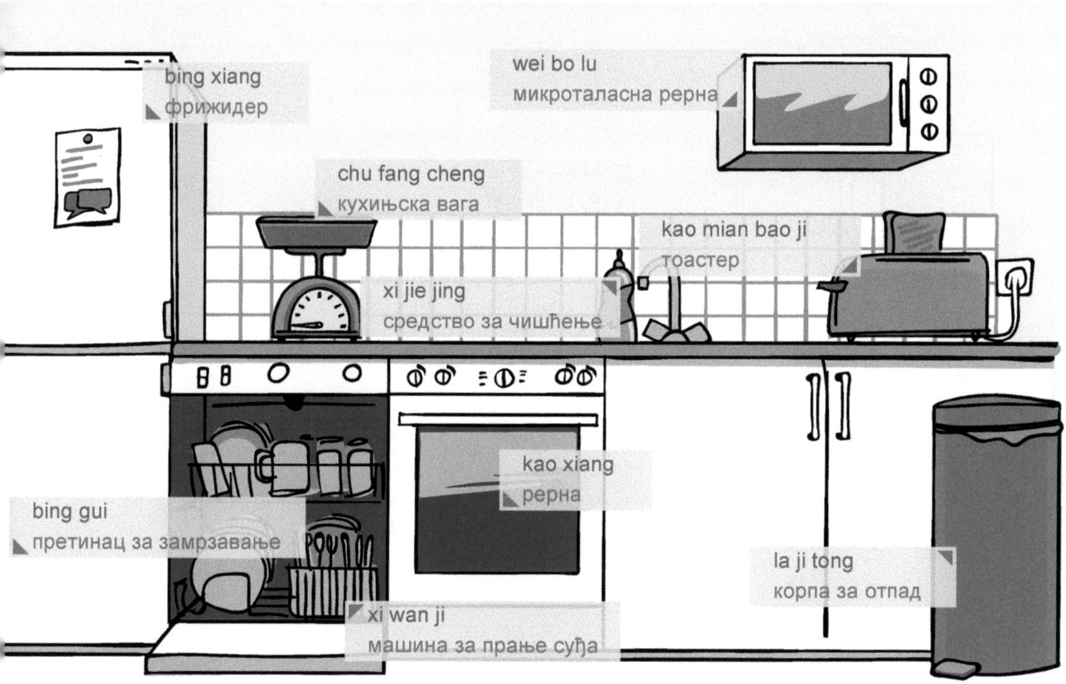

bing xiang
фрижидер
wei bo lu
микроталасна рерна
chu fang cheng
кухињска вага
kao mian bao ji
тоастер
xi jie jing
средство за чишћење
kao xiang
рерна
bing gui
претинац за замрзавање
la ji tong
корпа за отпад
xi wan ji
машина за прање суђа

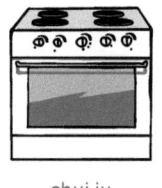

chui ju

шпорет

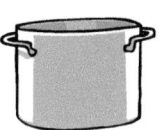

guo

лонац

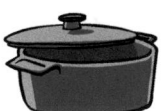

zhu tie guo

гвоздени лонац

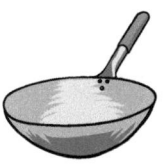

sha guo

вок / кадаи

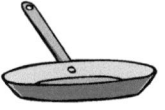

ping di guo

тава

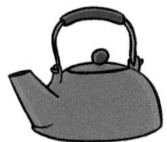

shui hu

кувало за воду

zheng guo

кувало на пару

kao pan

лим за печење

tao ci guo

посуђе

ma ke bei

чаша

wan

посуда

kuai zi

штапићи за јело

chang bing shao

кутлача

chan zi

лопатица

jiao ban qi

пењача

lü wang

сито за кување

shai zi

сито

mo sui ji

рибеж

yan bo

мужар

shao kao

роштиљ

ming huo

огњиште

cai ban

даска

gan mian zhang

оклагија

kai ping qi

вадичеп

guan zi

конзерва

kai ping qi

отварач конзерви

ge re shou tao

крпа за лонац

shui cao

судопер

shua zi

четка

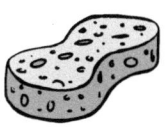

hai mian

сунђер

jiao ban ji

миксер

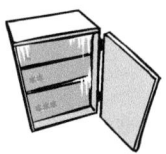

leng cang xiang

замрзивач

nai ping

флашица за бебе

shui long tou

славина за воду

yu shi

купаоница

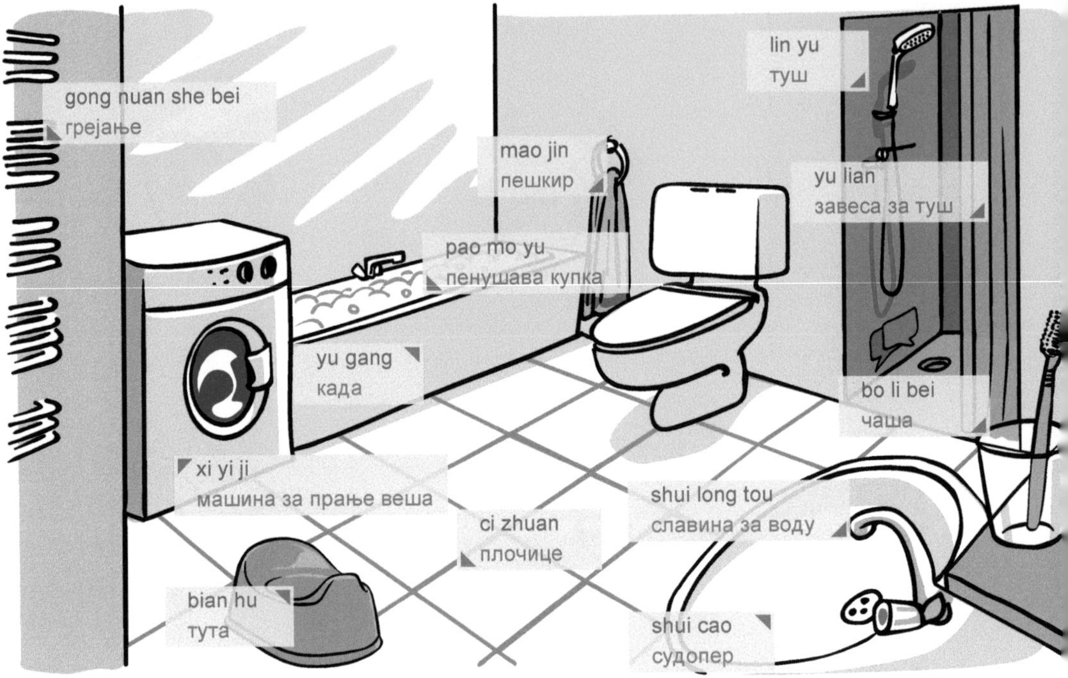

gong nuan she bei
грејање
mao jin
пешкир
lin yu
туш
yu lian
завеса за туш
pao mo yu
пенушава купка
yu gang
када
bo li bei
чаша
xi yi ji
машина за прање веша
shui long tou
славина за воду
ci zhuan
плочице
bian hu
тута
shui cao
судопер

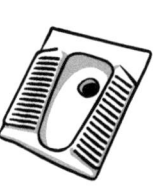

ce suo

тоалет

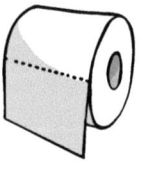

dun bian qi

чучавац

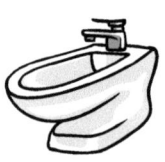

zuo yu qi

бидет

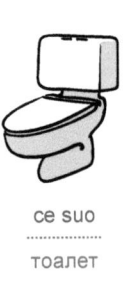

xiao bian chi

писоар

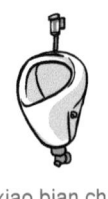

ce zhi

тоалетни папир

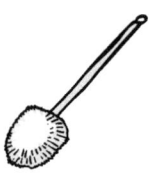

ma tong shua

четка за тоалет

ya shua

четкица за зубе

ya gao

паста за зубе

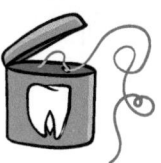

ya xian

конац за зубе

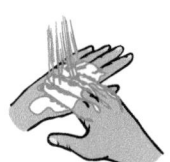

xi

прати

shou chi shi pen lin tou

туш ручица

chong xi qi

туш за прање интимних делова

xi lian pen

лавор

ca bei shua

четка за прање леђа

fei zao

сапун

mu yu lu

гел за туширање

xi fa shui

шампон

fa lan rong

крпа за прање

pai shui

одвод

ru shuang

крема

chu chou ji

дезодоранс

jing zi

огледало

shou jing

козметичко огледало

ti xu dao

бријач

ti xu pao mo

пена за бријање

xu hou shui

лосион за после бријања

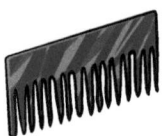

shu zi

чешаљ

shua zi

четка

chui feng ji

фен за косу

pen fa ding xing ji

спреј за косу

hua zhuang pin

шминка

chun gao

руж за усне

zhi jia you

лак за нокте

hua zhuang mian

вата

zhi jia jian

маказе за нокте

xiang shui

парфем

xi shu bao

козметичка торбица

deng zi

столица

ji zhong cheng

вага

yu pao

огртач

xiang jiao shou tao

рукавице за чишћење

wei sheng mian tiao

тампон

wei sheng jin

уложак

hua xue ce suo

хемијски тоалет

er tong fang

дечија соба

nao zhong
будилник
mao rong wan ju
плишана играчка
wan ju che
ауто играчка
bo lang gu
звечка
wan ju wu
кућица за лутке
li wu
поклон

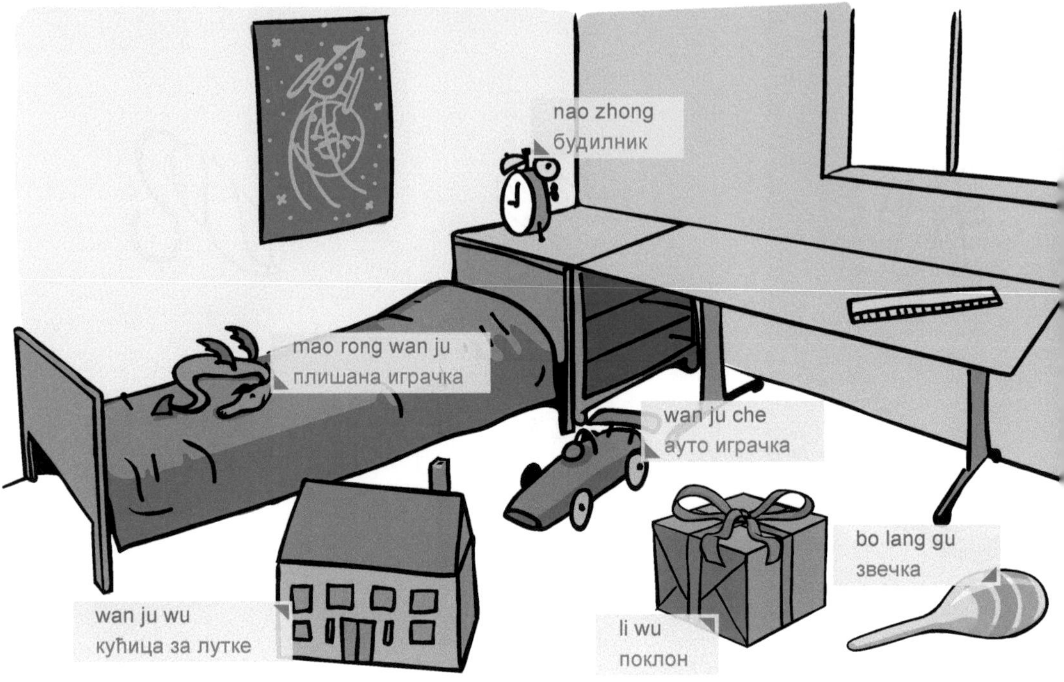

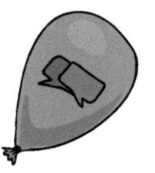

qi qiu

балон

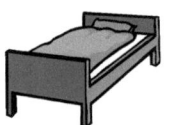

chuang

кревет

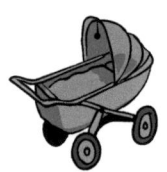

(yang wa wa yong)ying er che

дјечија колица

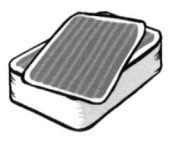

pu ke pai

игра са картама

pin tu

слагалица

SUPER MEGA

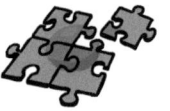

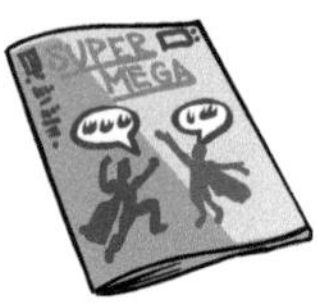

man hua

стрип

le gao ji mu

лего коцкице

ji mu wan ju

коцкице за слагање

wan ju ren

акциони јунак

ying er fu

бенкица за бебе

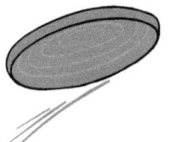

fei pan

фризби

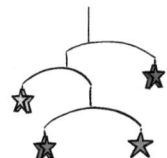

chuang ling wan ju

висеће играчке

qi pan you xi

друштвене игре

shai zi

коцка

huo che mo xing

минијатурна жељезница

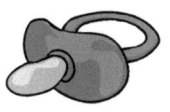

an fu nai zui

дуда

ju hui

забава

hui ben

сликовница

qiu

лопта

yang wa wa

лутка

wan

играти

sha keng

пешчаник

qiu qian

љуљачка

wan ju

играчка

you xi ji

конзола за игре

san lun che

трицикл

tai di xiong

теди

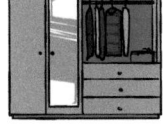

yi chu

ормар

yi fu

одећа

wa zi

кратке чарапе

chang wa

чарапе

jin shen ku

хулахопке

wei jin
шал

pi dai
каиш

yu san
кишобран

T xu
мајица

yun dong xie
патике

xue zi
чизме

tuo xie
папуче

liang xie
....
сандале

xie
....
ципеле

yu xue
....
гумене чизме

nei ku
....
гаћице

xiong zhao
....
грудњак

bei xin
....
поткошуља

shen ti

боди

ku zi

панталоне

niu zai ku

фармерке

duan qun

сукња

nü shi chen shan

блуза

chen shan

кошуља

tao tou shan

џемпер

wei yi

џемпер с капуљачом

xi zhuang jia ke

сако

jia ke

јакна

wai tao

мантил

yu yi

кабаница

tao zhuang

костим

lian yi qun

хаљина

hun sha

венчаница

xi zhuang

одело

shui pao

спаваћица

shui yi

пиџама

sha li

сари

tou jin

марама за главу

bao tou jin

турбан

bo ka

бурка

ka fu tan

кафтан

(a la bo shi)chang pao

абаја

yong yi

купаћи костим

nan shi yong ku

купаће гаћице

duan ku

кратке панталоне

yun dong fu

одећа за тренинг

wei qun

кецеља

shou tao

рукавице

niu kou

дугме

yan jing

наочаре

shou lian

наруквица

xiang lian

огрлица

jie zhi

прстен

er huan

наушница

bian mao

капа

yi jia

вешалица

mao zi

шешир

ling dai

краватa

la lian

патент затварач

tou kui

кацига

bei dai

нараменице

xiao fu

школска униформа

zhi fu

униформа

wei dou

подбрадак

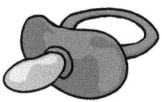

an fu nai zui

дуда

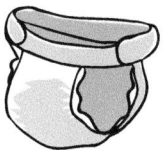

niao bu shi

пелена

ban gong shi
канцеларија

fu wu qi
сервер

wen jian gui
ормар за списе

da yin ji
штампач

xian shi ping
монитор

zhi
папир

shu biao
миш

ban gong zhuo
писаћи сто

wen jian jia
мапа

jian pan
тастатура

fei zhi kuang
кошара за папир

dian nao
компјутер

yi zi
столица

ka fei bei

шалица за каву

ji suan qi

калкулатор

yin te wang

интернет

bi ji ben dian nao

лаптоп

xin jian

писмо

xiao xi

порука

shou ji

мобилни телефон

wang luo

мрежа

fu yin ji

уређај за копирање

ruan jian

софтвер

dian hua

телефон

cha zuo

утичница

chuan zhen ji

факс

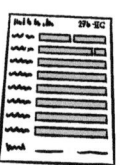

biao ge

формулар

wen jian

документ

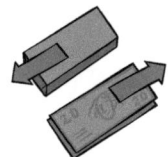

mai

куповати

fu qian

платити

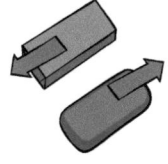

jiao yi

трговати

xian jin

новац

mei yuan

долар

ou yuan

евро

ri yuan

јен

lu bu

рубља

rui shi fa lang

швајцарски франак

ren min bi

ренминдби јуан

lu bi

рупија

ti kuan chu

аутомат за новац

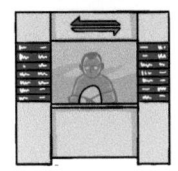

wai bi dui huan chu

мењачница

jin

злато

yin

сребро

shi you

нафта

neng yuan

енергија

jia ge

цена

he tong

уговор

shui jin

порез

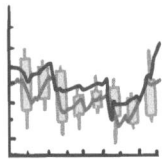

gu piao

деонице

gong zuo

радити

zhi yuan

службеник

lao ban

послодавац

gong chang

фабрика

shang dian

продавница

zhi ye
занимања

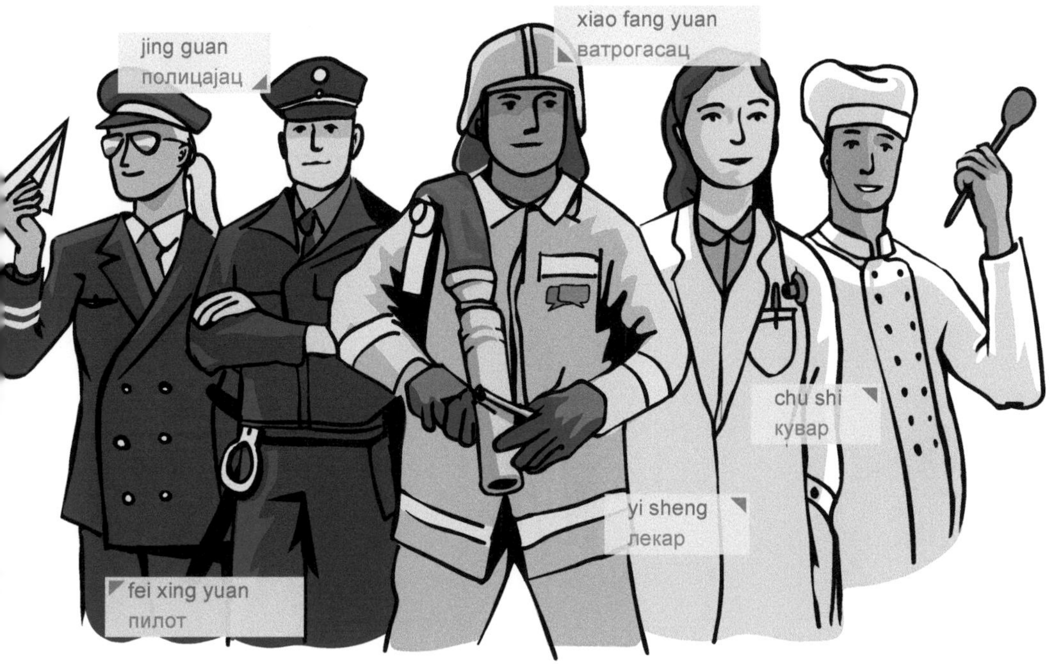

jing guan
полицајац
xiao fang yuan
ватрогасац
chu shi
кувар
yi sheng
лекар
fei xing yuan
пилот

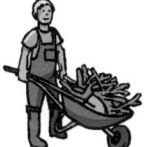

yuan ding

вртлар

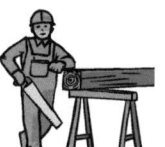

mu jiang

столар

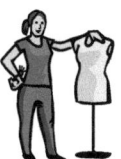

cai feng

кројачица

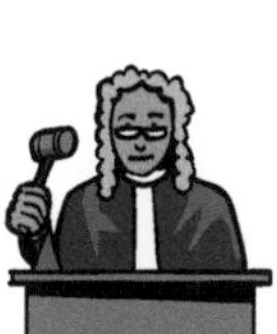

fa guan

судија

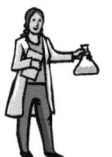

hua xue jia

хемичар

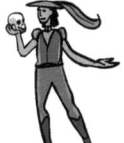

yan yuan

глумац

gong jiao che si ji

возач аутобуса

chu zu che si ji

возач таксија

yu fu

рибар

qing jie nü gong

чистачица

wu ding gong

кровопокривач

fu wu yuan

конобар

lie ren

ловац

hua jia

сликар

mian bao shi

пекар

dian gong

електричар

jian zhu gong ren

грађевински радник

gong cheng shi

инжењер

tu fu

месар

shui guan gong

лимар

you di yuan

поштар

shi bing

војник

jian zhu shi

архитекта

shou yin yuan

благајник

hua nong

цвећар

li fa shi

фризер

shou piao yuan

кондуктер

ji xie shi

механичар

chuan zhang

капетан

ya yi

зубар

ke xue jia

научник

la bi

раби

yi ma mu

имам

he shang

монах

mu shi

свећеник

gong ju

алати

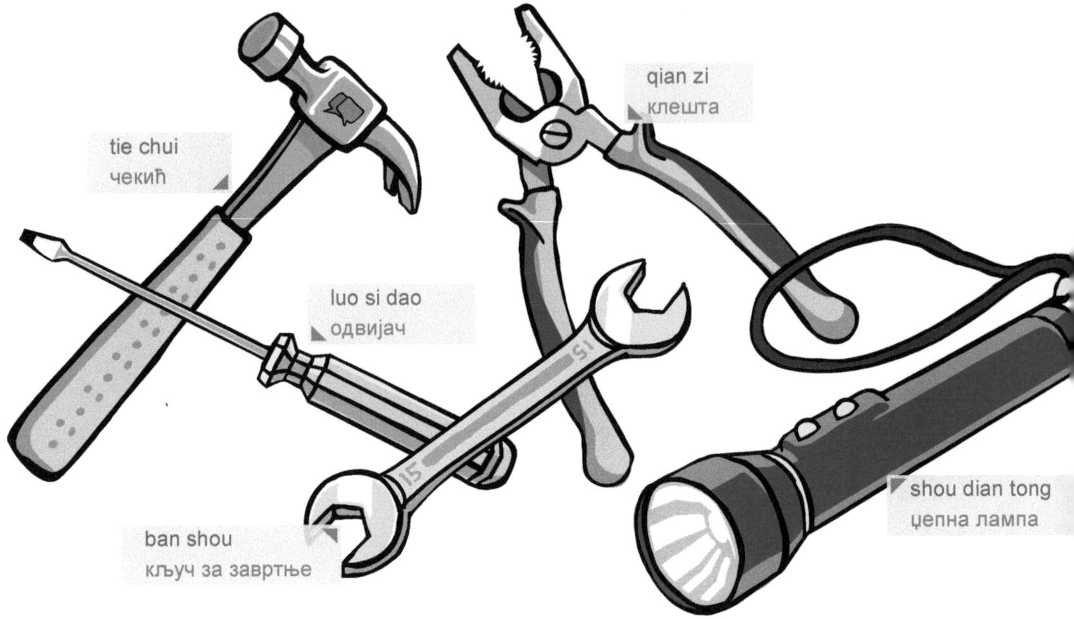
tie chui
чекић
qian zi
клешта
luo si dao
одвијач
ban shou
кључ за завртње
shou dian tong
џепна лампа

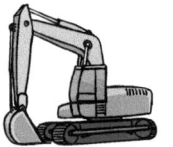

wa jue ji

багер

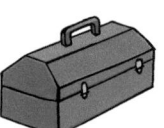

gong ju xiang

кутија за алат

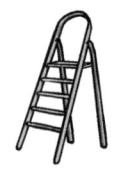

ti zi

мердевине

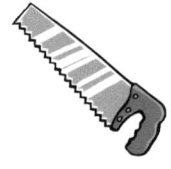

ju zi

пила

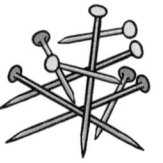

ding zi

ексер

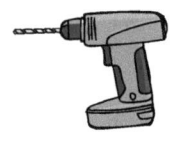

zuan ji

бушилица

xiu
поправити

chan zi
лопата

kao!
до ђавола!

bo ji
лопатица

you qi tong
лонац за боју

luo si
завртањи

yue qi

музички инструмент

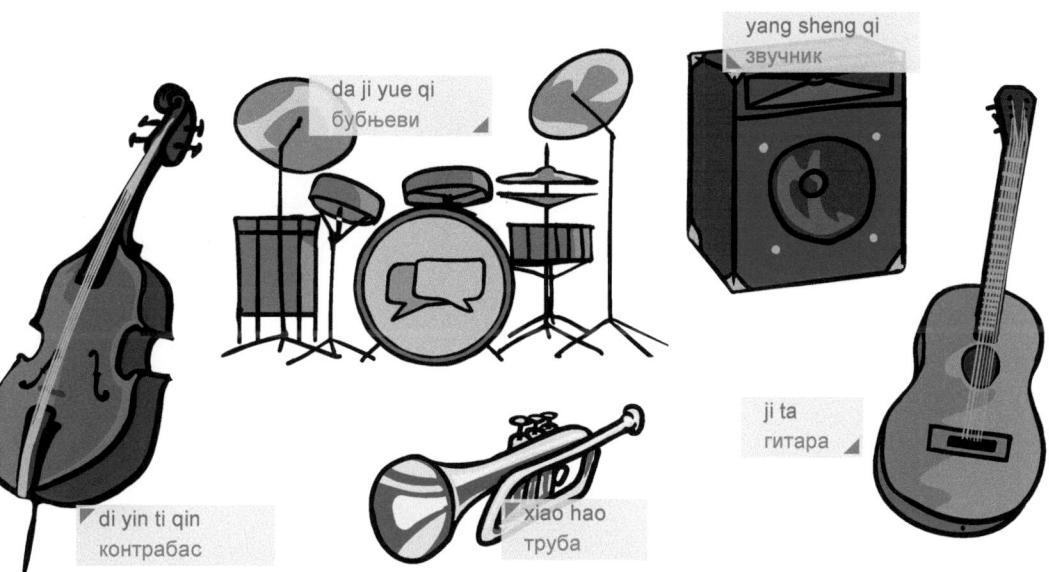

da ji yue qi
бубњеви

yang sheng qi
звучник

ji ta
гитара

di yin ti qin
контрабас

xiao hao
труба

gang qin

клавир

xiao ti qin

виолина

bei si

бас

ding yin gu

тимпани

gu

удараљке за бубњеве

dian zi qin

типке клавира

sa ke si guan

саксофон

chang di

флаута

mai ke feng

микрофон

yue qi - музички инструмент

dong wu yuan

зоолошки врт

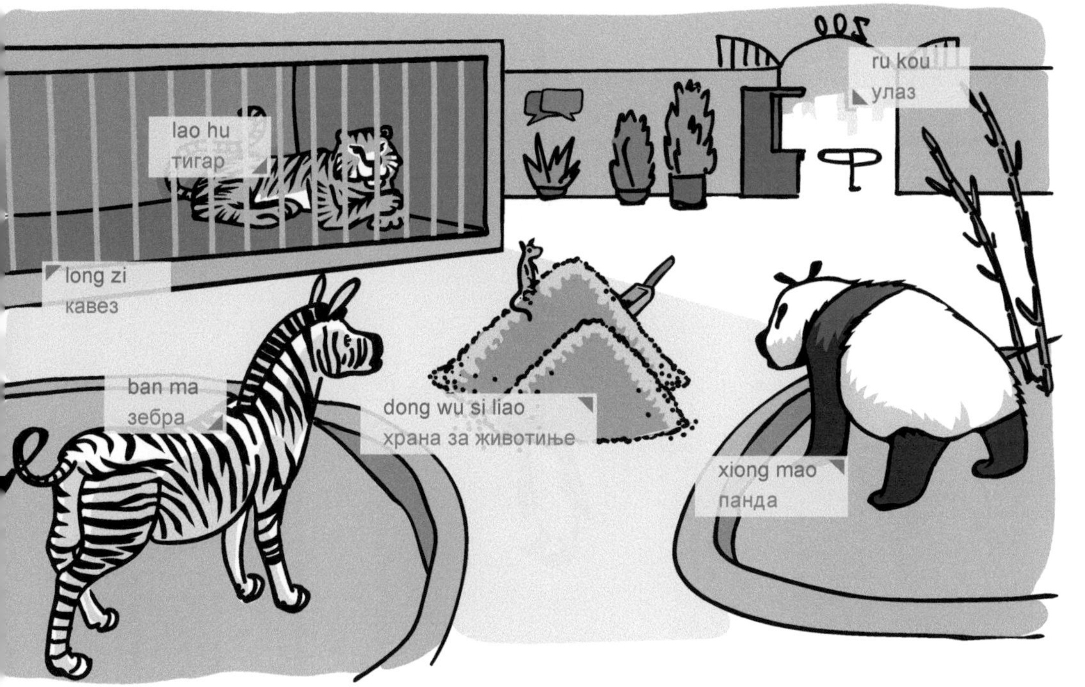

zoo
ru kou
улаз
lao hu
тигар
long zi
кавез
ban ma
зебра
dong wu si liao
храна за животиње
xiong mao
панда

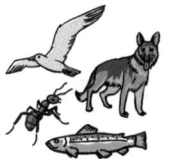

dong wu

животиње

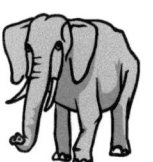

da xiang

слон

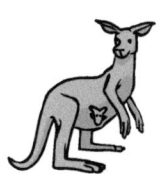

dai shu

кенгур

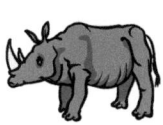

xi niu

носорог

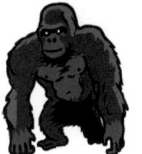

da xing xing

горила

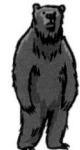

xiong

медвед

luo tuo

камила

tuo niao

нoj

shi zi

лав

hou zi

мajмун

huo lie niao

фламинго

ying wu

папагаj

bei ji xiong

поларни медвед

qi e

пингвин

sha yu

аjкула

kong que

паун

she

змиja

e yu

крокодил

dong wu yuan guan li yuan

чувар у зоолошком врту

hai bao

туљан

mei zhou bao

jагуар

ai zhong ma

пони

bao

леопард

he ma

нилски коњ

chang jing lu

жирафа

lao ying

орао

ye zhu

дивља свиња

yu

риба

gui

корњача

hai xiang

морж

hu li

лисица

ling yang

газела

gan lan qiu
амерички ногомет

qi zi xing che
бициклизам

wang qiu
тенис

lan qiu
кошарка

you yong
пливање

quan ji
бокс

bing qiu
хокеј на леду

ying shi zu qiu
фудбал

yu mao qiu
бадминтон

tian jing
атлетика

shou qiu
рукомет

hua xue
скијање

ma qiu
поло

xiao — смејати се

tiao — скочити

yong bao — загрлити

zou lu — ићи

chang — певати

zuo meng — сањати

qi dao — молити се

qin wen — пољубити

shu xie	hua	zhan shi
писати	цртати	показати

tui	gei	na
гурати	дати	узети

you

имати

zuo

чинити

dang

бити

zhan

стојати

pao

трчати

la

повлачити

reng

бацити

shuai dao

падати

tang

лежати

deng dai

чекати

xie dai

носити

zuo

седити

chuan yi

облачити

shui jiao

спавати

xing lai

пробудити се

kan

гледати

ku

плакати

fu mo

миловати

shu tou

чешљати

jiao tan

говорити

ming bai

разумети

wen

питати

ting

слушати

he

пити

chi

јести

qing li

поспремити

ai

волети

zuo fan

кухати

kai che

возити

fei

летети

hang xing

пловити

ji suan

рачунати

du

читати

xue xi

учити

gong zuo

радити

jie hun

венчати се

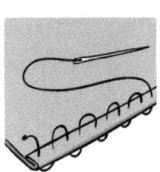

feng

шити

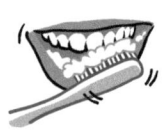

shua ya

прати зубе

sha

убити

chou yan

пушити

ji

послати

zu mu
бака

zu fu
деда

fu qin
отац

mu qin
мајка

ying tong
беба

nü er
кћерка

er zi
син

ke ren

гост

a yi

тетка

shu shu

ујак, стриц

xiong di

брат

jie mei

сестра

shen ti

тело

qian e
чело
yan jing
око
jian bang
раме
shou zhi
прст
lian
лице
xia ba
брада
shou
рука
tui
нога
ru fang
груди
shou bi
рука

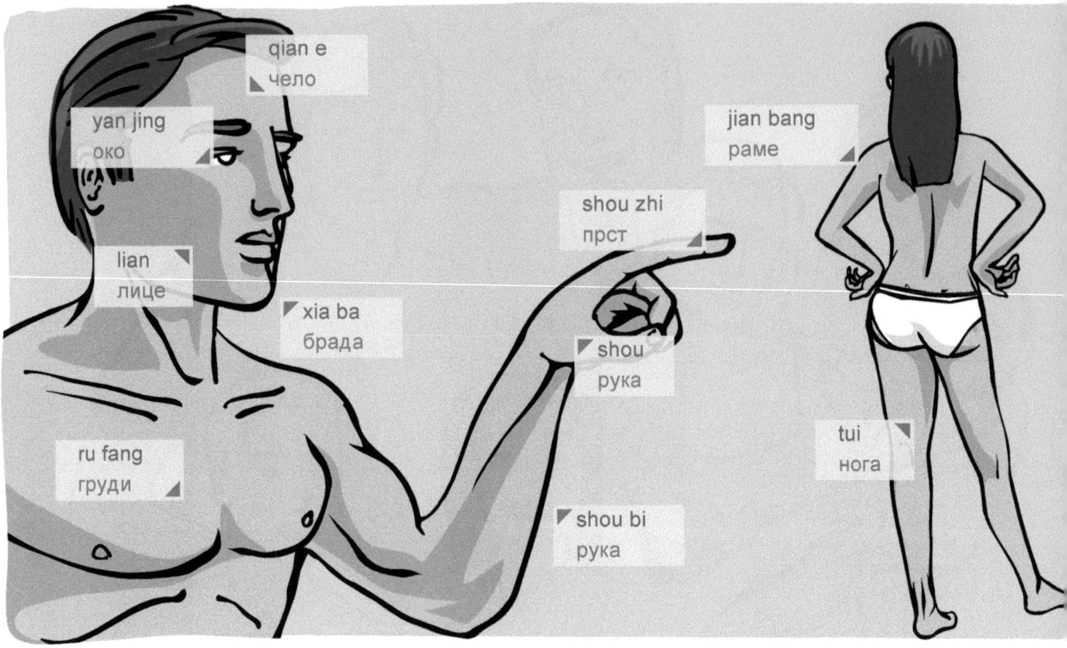

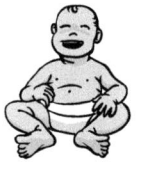

ying tong

беба

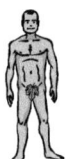

nan ren

мушкарац

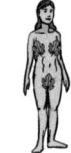

nü ren

жена

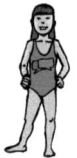

nü hai

девојчица

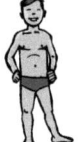

nan hai

дечак

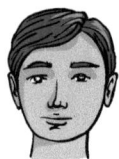

tou

глава

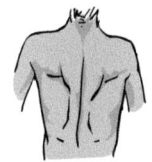

bei bu

леђа

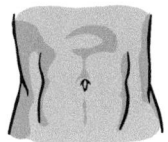

du zi

стомак

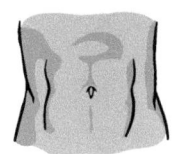

du qi

пупак

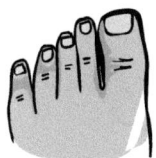

jiao zhi

ножни прст

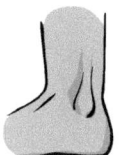

jiao hou gen

пета

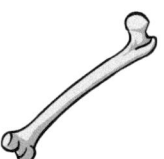

gu tou

кост

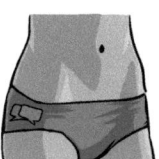

tun bu

кукови

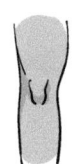

xi gai

колено

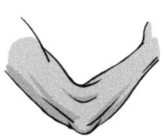

shou zhou

лакат

bi zi

нос

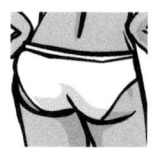

pi gu

задњица

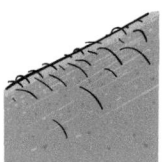

pi fu

кожа

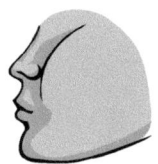

lian jia

образ

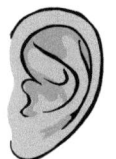

er duo

уво

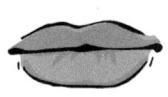

zui chun

усна

shen ti - тело

zui

уста

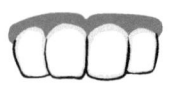

ya chi

зуб

she tou

језик

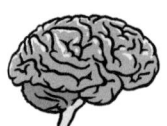

nao

мозак

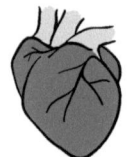

xin zang

срце

ji rou

мишић

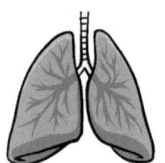

fei

плућа

gan zang

јетра

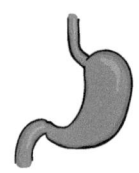

wei

желудац

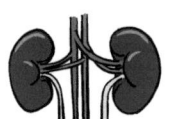

shen zang

бубрези

xing jiao

полни однос

bi yun tao

кондом

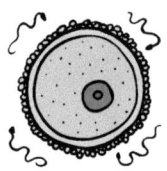

luan zi

јајна ћелија

jing zi

сперма

huai yun

трудноћа

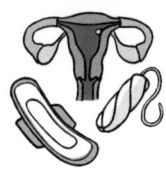

yue jing

менструација

yin dao

вагина

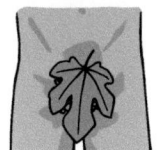

yin jing

пенис

mei mao

обрва

tou fa

коса

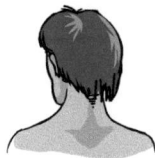

bo zi

врат

yi yuan
болница

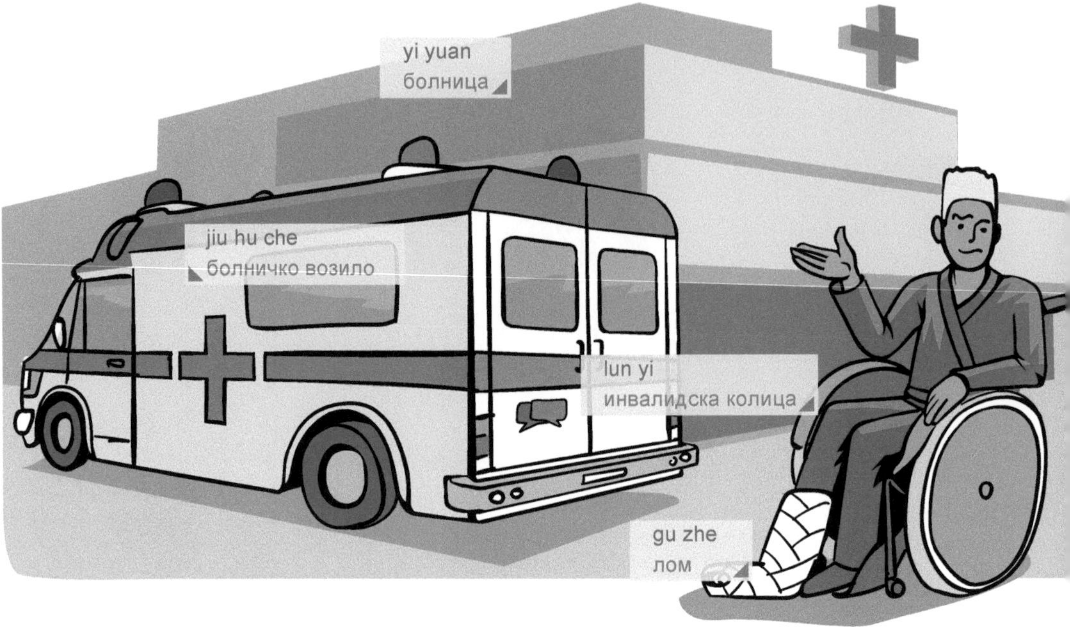

yi yuan
болница
jiu hu che
болничко возило
lun yi
инвалидска колица
gu zhe
лом

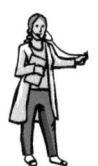

yi sheng

лекар

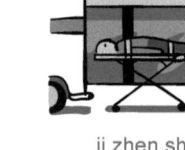

ji zhen shi

хитна медицинска служба

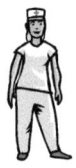

hu shi

медицинска сестра

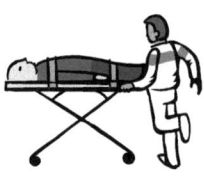

jin ji qing kuang

хитни случај

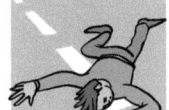

hun mi

несвест

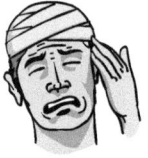

tong

бол

shou shang

повреда

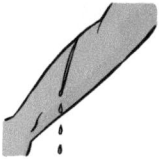

chu xue

крварење

xin zang bing fa zuo

срчани удар

zhong feng

удар

guo min

алергија

ke sou

кашаљ

fa shao

грозница

liu gan

грипа

fu xie

пролив

tou tong

главобоља

ai zheng

рак

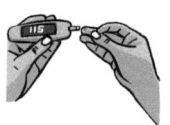

tang niao bing

дијабетес

wai ke yi sheng

хирург

shou shu dao

скалпел

shou shu

операција

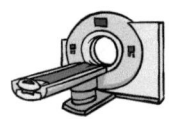

CT

цт

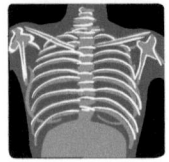

X guang

рентген

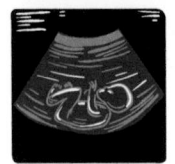

chao sheng bo

ултразвук

kou zhao

маска

ji bing

болест

hou zhen shi

чекаона

guai zhang

штака

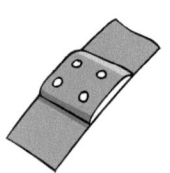

shi gao

фластер

beng dai

завој

zhu she

инјекција

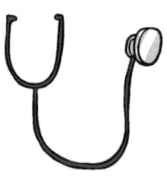

ting zhen qi

стетоскоп

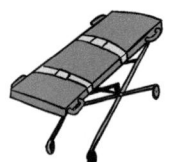

dan jia

носила

ti wen ji

термометар

chu sheng

рођење

chao zhong

прекомерна тежина

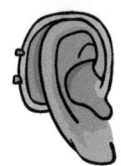

zhu ting qi

слушни апарат

xiao du ye

средство за дезинфекцију

gan ran

инфекција

bing du

вирус

ai zi bing

хив / аидс

yao wu

медицина

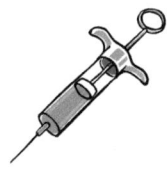

jie zhong yi miao

вакцинација

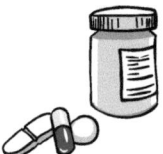

yao pian

таблете

yao wan

пилула

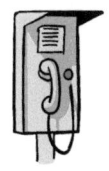

ji jiu dian hua

хитни позив

xue ya ji

уређај за мерење притиска

sheng bing/jian kang

болесно / здраво

jiu ming!

помоћ!

jing bao

аларм

tu ji

насртај

gong ji

напад

wei xian

опасност

jin ji chu kou

излаз у случају нужде

zhao huo la!

пожар!

mie huo qi

противпожарни апарат

yi wai

незгода

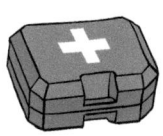

ji jiu xiang

кутија прве помоћи

hu jiu xin hao

сос

jing cha

полиција

ou zhou

Европа

bei mei zhou

Северна Америка

nan mei zhou

Јужна Америка

fei zhou

Африка

ya zhou

Азија

ao zhou

Аустралија

da xi yang

Атлантик

tai ping yang

Пацифик

yin du yang

Индијски океан

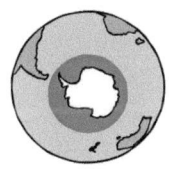

nan bing yang

Антарктички океан

bei bing yang

Арктички океан

bei ji

Северни рол

nan ji

Јужни рол

nan ji zhou

Антарктик

di qiu

земља

lu di

земља

hai

море

dao

оток

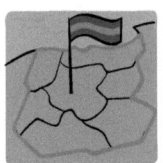

guo jia

нација

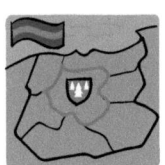

guo jia

држава

zhong mian

бројчаник сата

shi zhen

сатна казаљка

fen zhen

минутна казаљка

miao zhen

секундна казаљка

xian zai ji dian?

Колико је сати?

tian

дан

shi jian

време

xian zai

сада

dian zi biao

дигитални сат

fen

минута

shi

час

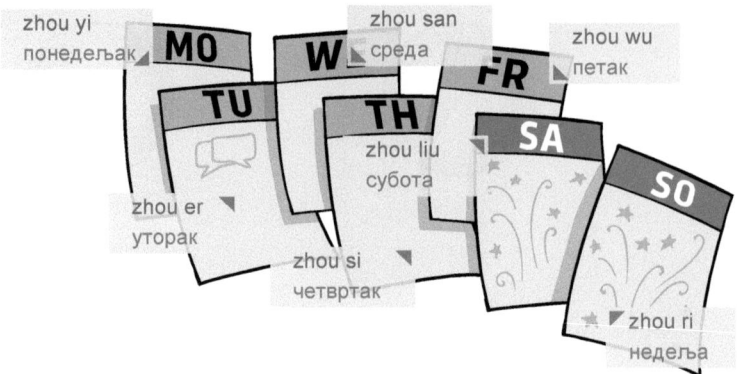

zhou yi
понедељак

zhou san
среда

zhou wu
петак

zhou er
уторак

zhou liu
субота

zhou si
четвртак

zhou ri
недеља

zuo tian

јуче

jin tian

данас

ming tian

сутра

zao chen

јутро

zhong wu

подне

wan shang

вече

MO	TU	WE	TH	FR	SA	SU
1	2	3	4	5	6	7
8	9	10	11	12	13	14
15	16	17	18	19	20	21
22	23	24	25	26	27	28
29	30	31	1	2	3	4

gong zuo ri

радни дани

MO	TU	WE	TH	FR	SA	SU
1	2	3	4	5	6	7
8	9	10	11	12	13	14
15	16	17	18	19	20	21
22	23	24	25	26	27	28
29	30	31	1	2	3	4

zhou mo

викенд

nian

година

yu
киша
cai hong
дуга
feng
ветар
xue
снег
chun
пролеће
xia
лето
qiu
јесен
dong
зима

4.APRIL 11°
5.APRIL 4°
6.APRIL 13°
7.APRIL 8°
8.APRIL 10°

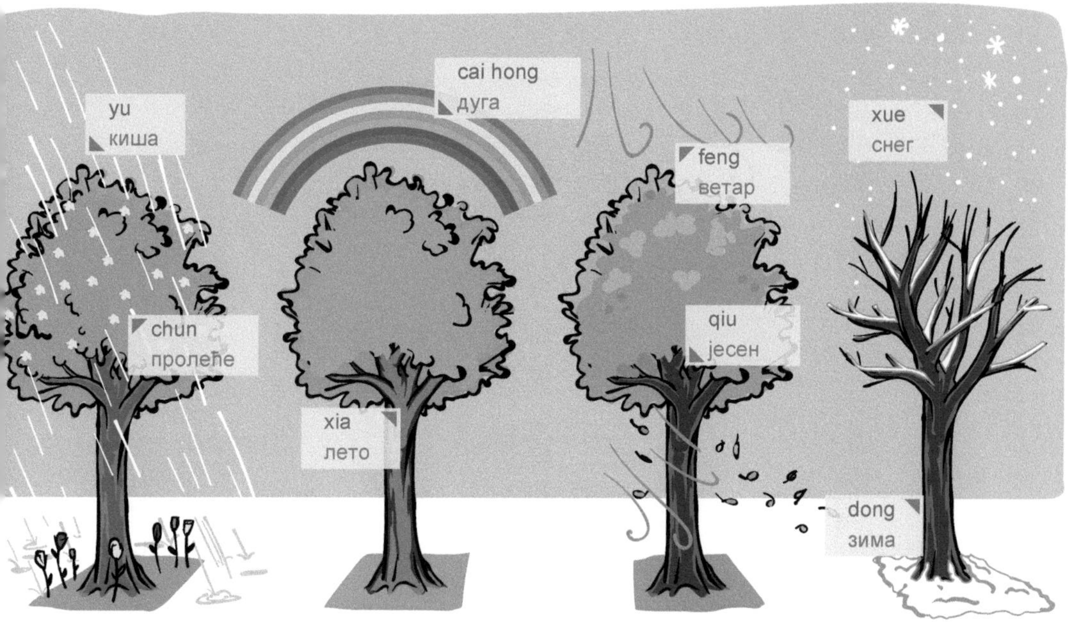

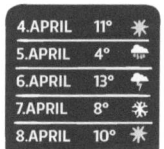

tian qi yu bao

метеоролошка прогноза

F C
120 40
90 30
60 20
30 10
0 0
-30 -10
-20

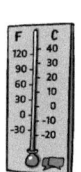

wen du ji

термометар

yang guang

сунчана светлост

yun

облак

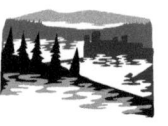

wu

магла

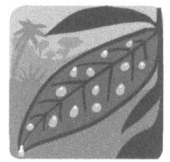

chao shi

влажност ваздуха

shan dian

муња

da lei

грмљавина

feng bao

олуја

bing bao

туча

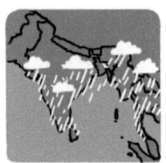

ji feng

монсун

hong shui

поплава

bing

лед

yi yue

јануар

er yue

фебруар

san yue

март

si yue

април

wu yue

мај

liu yue

јуни

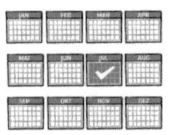

qi yue

јули

ba yue

август

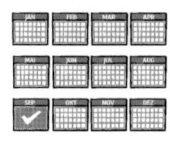

jiu yue
....
септембар

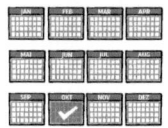

shi yue
....
октобар

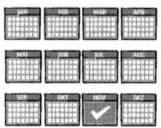

shi yi yue
....
новембар

shi er yue
....
децембар

xing zhuang
облици

yuan xing
....
круг

zheng fang xing
....
квадрат

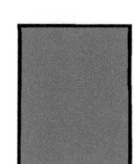

chang fang xing
....
правоугао

san jiao xing
....
троугао

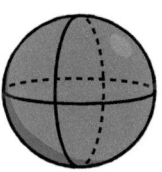

qiu ti
....
кугла

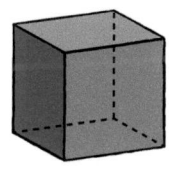

li fang ti
....
коцка

bai

бела

huang

жута

cheng

наранџаста

fen

ружичаста

hong

црвена

zi

љубичаста

lan

плава

lü

зелена

zong

смеђа

hui

сива

hei

црна

hen duo/shao xu

много / мало

sheng qi/ping jing

љутито / мирно

mei/chou

лепо / ружно

shou/wei

почетак / крај

da/xiao

велико / малено

ming/an

светло / тамно

xiong di/jie mei

брат / сестра

gan jing/ang zang

чисто / прљаво

wan zheng/que shi

потпуно / непотпуно

bai tian/wan shang

дан / ноћ

si/sheng

мртво / живо

kuan/zhai

широко / уско

ke shi yong/fei shi yong

јестиво / нејестиво

xie e/shan liang

зло / добро

xing fen/wu liao

узбуђено / досадно

pang/shou

дебело / мршаво

di yi/zui hou

на почетку / на крају

peng you/di ren

пријатељ / непријатељ

man/kong

пуно / празно

ying/ruan

тврдо / мекано

zhong/qing

тешко / лагано

e/ke

глад / жеђ

sheng bing/jian kang

болесно / здраво

fei fa/he fa

илегално / легално

cong ming/yu ben

паметно / глупо

zuo/you

лево / десно

jin/yuan

близу / далеко

xin/jiu

ново / половно

mei you/you xie

ништа / нешто

lao/you

старо / младо

kai/guan

укључено / искључено

da kai/he shang

отворено / затворено

an jing/chao nao

тихо / гласно

fu/qiong

богато / сиромашно

dui/cuo

тачно / погрешно

cu cao/guang hua

храпаво / глатко

shang xin/gao xing

тужно / сретно

duan/chang

кратко / дуго

man/kuai

полако / брзо

shi/gan

мокро / сухо

wen nuan/liang shuang

топло / хладно

zhan zheng/he ping

рат / мир

shu zi

брojeви

0

ling

нула

1

yi

један

2

er

два

3

san

три

4

si

четири

5

wu

пет

6

liu

шест

7

qi

седам

8

ba

осам

9

jiu

девет

10

shi

десет

11

shi yi

једанаест

12

shi er

дванаест

13

shi san

тринаест

14

shi si

четрнаест

15

shi wu

петнаест

16

shi liu

шестнаест

17

shi qi

седамнаест

18

shi ba

осамнаест

19

shi jiu

деветнаест

20

er shi

двадесет

100

bai

стотину

1.000

qian

хиљаду

1.000.000

bai wan

милион

ying yu

енглески

mei shi ying yu

амерички енглески

pu tong hua

мандарински кинески

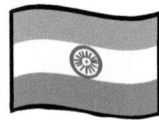

yin di yu

хиндски

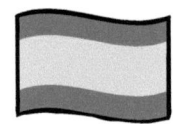

xi ban ya yu

шпански

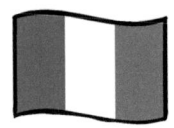

fa yu

француски

a la bo yu

арапски

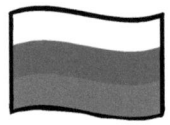

e yu

руски

pu tao ya yu

португалски

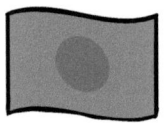

feng jia la yu

бенгалски

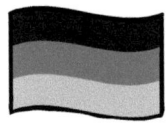

de yu

немачки

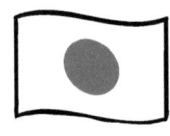

ri yu

јапански

wo

ja

ni

ти

ta/ta/ta

он / она / оно

wo men

ми

ni men

ви

ta men

они

shei?

Ко?

shen me?

Шта?

zen yang?

Како?

na li?

Где?

shen me shi hou?

Када?

ming zi

име

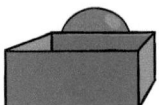

hou mian

иза

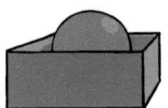

li mian

у

qian mian

испред

shang fang

преко

shang mian

на

xia mian

испод

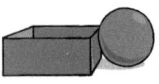

pang bian

поред

zhong jian

између

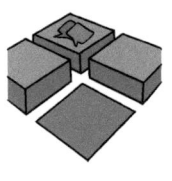

di dian

место